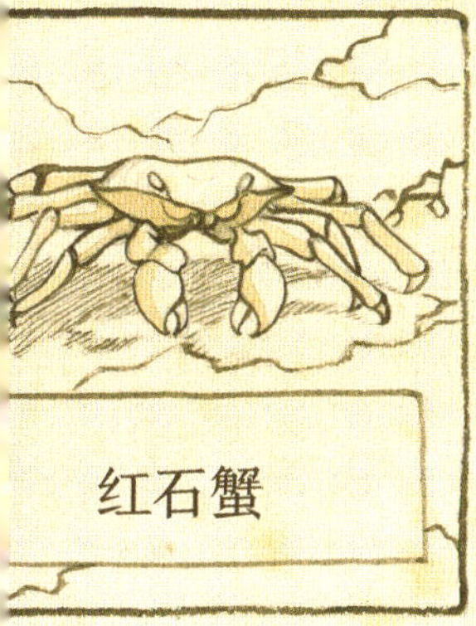
红石蟹

加拉帕戈斯海狮*

加拉帕戈斯企鹅*

加拉帕戈斯象龟*
（马鞍形龟甲）

裂榄树

燕尾鸥*

美洲蛎鹬

加拉帕戈斯象龟*
（圆顶形龟甲）

加拉帕戈斯群岛的生物

*标记的是加拉帕戈斯群岛的特有物种

弱翅鸬鹚*

加拉帕戈斯
陆蜥蜴*

加岛熊蜂*

加岛鵟*

树菊*

黄冠夜鹭

加拉帕戈斯桫椤*

加岛嘲鸫*

一座岛的600万年

加拉帕戈斯群岛的前世今生

[美] 陈振盼 / 著绘　何锴 / 译

長江出版傳媒 | 长江少年儿童出版社

献给迈克尔

图书在版编目（C I P）数据

一座岛的600万年 / (美) 陈振盼著绘；何锴译. --武汉：长江少年儿童出版社, 2018.7
书名原文: Island
ISBN 978-7-5560-6897-5

Ⅰ. ①一… Ⅱ. ①陈… ②何… Ⅲ. ①群岛-概况-厄瓜多尔-少儿读物 Ⅳ. ①K977.64-49

中国版本图书馆CIP数据核字(2017)第262343号

一座岛的 600 万年

[美] 陈振盼 / 著绘　何锴 / 译
策划编辑 / 周　杰
责任编辑 / 傅一新　佟　一　周　杰
装帧设计 / 欧阳诗汝　**美术编辑** / 欧阳诗汝
出版发行 / **长江少年儿童出版社**
经销 / 全国新华书店
印刷 / 深圳当纳利印刷有限公司
开本 / 889×1194　1/16　2.5 印张
版次 / 2020 年 5 月第 1 版第 4 次印刷
书号 / ISBN 978-7-5560-6897-5
审图号 / GS（2018）785 号
定价 / 49.00 元

ISLAND: A Story of the Galápagos

By Jason Chin

策划 / 心喜阅信息咨询（深圳）有限公司　**咨询热线** / 0755-82705599　**销售热线** / 027-87396822　*http://www.lovereadingbooks.com*

I. 诞生

600万年前……

太阳一如既往地从海平面升起，阳光静静地洒在太平洋中距离海岸线900千米之外的群岛上。此时的海面风平浪静，然而海底已是暗流涌动……

一座海底火山已经持续喷发了数百万年。伴随着这次火山爆发，它第一次露出了海平面。

一座新的岛屿诞生了！

火山喷发出大量的岩浆，在空气和海水的冷却下，岩浆凝固成火山岩，形成了小岛的雏形。随着时间的推移，这一过程循环往复：

喷发……

隆升……

发育……

很长时间里，岛屿不断发育。由于频繁的火山喷发，岛上寸草不生。直到有一天……

太平洋中的另一座海岛上，一颗红树种子落入海中。经过数周的漂流，它奇迹般地抵达了这座新的海岛。第一棵红树在此生根发芽。

某天，一只海鸟在空中发现了这座海岛，起初它只是想在这里短暂地休息，不过后来它改变了主意，在这里筑建了它的巢穴。

附近岛屿的海鬣蜥游到了这里，它们用尖利的爪子沿着光滑的岩石，爬上岸来……

海鬣蜥时常摇摆着有力的尾巴，潜入近海，用钝圆的头部紧贴岩石的表面，啃食绿藻。

随着新成员的到来，岛屿初现生机。

II.幼年

500万年前……

100万年过去了，岛屿逐渐隆升、成长。火山喷发不再那么频繁，因此更适合动植物繁衍生息。海岛周围的浅海生活着大量鱼群，海鸟可以毫不费力地在近海捕食。

在沿海的海湾地带，红树郁郁葱葱连接成林。

红树的根茎在浅水中构成复杂的迷宫，成为海龟、年幼的鲨鱼和鳐鱼的乐园。

陆鬣蜥被海浪冲来的树枝带到了海岛，穿过岸边的红树林带，它们在岛屿的坡地上找到了适合的栖息地。

200万年过去了，这座岛屿已经成为这片海域中最大的一个，高海拔带来了更多的雨水，从而使岛屿变得更加生机勃勃。

当火山结束了最后一次喷发，火山口流出的岩浆也完全凝固的时候，岛屿结束了它的生长期，并开始以每年不到一毫米的速度缓慢下沉。

不同海拔形成了不同的气候带。在高海拔地区，气温较低，水汽容易凝结成雾或降雨，这里的气候十分湿润，地表植被茂盛。

海拔较低的地区气候干燥，地表覆盖着沙砾，植被稀疏，陆鬣蜥在这里挖出巢穴。

由于海水万年不断地拍打，海岸带早已沙化。沙滩成为海龟和海鬣蜥的产卵地。

与此同时，在岛屿西面的海上，又一座新的岛屿诞生了。

某天，一只海鸟发现了这座新的岛屿，并成为这里的第一位居民。

红树、海鬣蜥、陆鬣蜥等随后到来，随着越来越多的动物和植物的到来，与200万年前如出一辙的情节再次上演。

III. 壮年

300万年前……

自从第一座岛屿露出海面，已经过去了300万年。几座更年轻的岛屿不断生长并融合成为一座超级大岛。这里已不再是群岛中最大的一座，但岛上的物种比以前更加丰富，而且新的物种还在源源不断地到来。

海鸥早已在峭壁上筑起了巢穴。

企鹅也从更靠近南极的冷水海域游来，岛屿周围的水温刚好是它们能够忍受的上限。

军舰鸟也来了，它们盘踞在海岸线的附近，时常凶猛地冲向其他海鸟，从它们嘴里抢夺刚捕获的鱼。

鹈鹕栖息在海湾的红树林带，它们在静水区中悠闲地捕鱼。

在接下来的100万年间，岛屿迎来了更多的居民。海狮从北方游来，占据了海岸带的沙滩。

遥远的大洋彼岸，一群象龟被洪水冲进海里，经过数周的漂流，它们被洋流带到了岸边。

几只鸬鹚在海上迷失了方向，它们幸运地发现了这座岛屿，以及海岸带充足的食物。

一群达尔文雀被迫离开了家园。在这里，它们找到了最爱吃的小种子。

距离岛屿的诞生已过去了400万年，随着海岛的缓缓下沉，降水逐渐减少，干旱频繁发生。

每次干旱都会导致大部分植物死亡，达尔文雀喜欢的种子变得稀少，很快就被吃光了。

岛上也有些较大的种了，但是它们的壳更厚、更硬，达尔文雀的喙非常短小，无法啄开这些种子的壳，于是大部分达尔文雀饿死了。

有少数达尔文雀的喙比同类略大，它们更容易啄开大号的种子。它们幸存了下来，并成功繁育了后代。

幼鸟会继承双亲的特点，因为干旱中只有喙较大的达尔文雀存活下来，这一年诞生的小鸟普遍拥有较大的喙。

干旱反复发生，每次干旱都会促使岛上的达尔文雀的喙略微增大。无数个世代之后，岛上的达尔文雀的喙已经远远大于它们的祖先。

数百万年间，岛上几乎所有的动物都在悄然变化着。有些海鸥逐渐习惯在夜间捕食，它们的眼睛变得更大，以适应夜晚微弱的亮光。

由于干旱，象龟的壳变小，由原来的圆顶形变为马鞍形，在脖子后留出足够的空隙，以便能够抬高脖子吃到更高处的叶子。

除了适应气候变化，吸引异性也是形态变化的重要原因。为了吸引配偶的注意，蓝脚鲣鸟的脚逐渐变成了天蓝色。

由于干旱，原本生活在高海拔湿润地区的蜗牛壳也变得越来越小、越来越薄。

鸬鹚的体重增加、后腿变得强而有力，这让它们游得更快，可以到更深的海中捕食。

由于岛上没有天敌，鸬鹚不再需要飞翔。它们的翅膀逐渐变小，直到完全失去飞行的能力。

IV. 暮年

100万年前……

经过了500万年，岛屿变得十分低矮，而且变得更小、更干燥了。

海鸟仍然成群地盘旋在岛屿四周的悬崖上。

象龟还在岸上缓步而行。

海鬣蜥和海狮仍旧盘踞在岸边的礁石上。

然而，很多物种已经因为无法适应岛上的气候而逐渐消失。

又过去了数千年，岛屿的下沉开始加速，大部分动植物已经无法生存，岛上只剩下几种动植物。

最后，露出海平面的只剩一块礁石，如同岛屿刚出现的那天，所有的生命都销声匿迹了。

最终，在岛屿诞生600万年后的一天，它消失于海面，一切归零。

V.尾声

公元1835年

故事中的岛屿早已沉入海中，曾经在这座岛上生存过的动植物的后代，大多散布在附近海域的15个岛屿上，延续着物种的生命。

为了适应各个岛屿的环境，动植物都已经发生了很大的变化。

它们中不少都是只分布在这片群岛的特有物种。

几百万年后，这些岛屿终将沉入太平洋，新的岛屿会不断出现。

岛上的动植物也将继续随着岛屿的消失和出现，从一座岛屿迁徙到另一座，并继续为适应新环境而改变。

这就是举世闻名的加拉帕戈斯群岛。

查尔斯·达尔文和加拉帕戈斯

故事的最后一章出现的那艘船叫作“小猎犬号”，而图中那位在岛上进行考察的博物学家，就是大名鼎鼎的查尔斯·达尔文。1835年，达尔文花了五周的时间在加拉帕戈斯群岛上进行地质、动物和植物调查。他在岛上观察到的现象，促使他去思考物种究竟是如何产生的。在那个年代，几乎所有的欧美人都信仰“神创论”，他们认为地球上所有的生命都是被神创造出来，而且永恒不变的。达尔文在加拉帕戈斯群岛的所见所闻，促使他相信物种是可变的，而且是在漫长的演化中逐渐形成的。24年后，他的《物种起源》一书出版。在书中他提出了关于物种如何以及为何会发生演化的假说。他提出的“自然选择导致物种演化”的理论在当时是革命性的。与“物种不变论”的观点完全相反，达尔文认为物种通过持续不断的变化适应环境。他观察到动植物是如何随着时间的推移而逐渐改变的，并且在书中解释变化是如何发生的。时至今日，达尔文的进化论已经成为科学史上最重要的发现之一，也是现代生物学的基石。

那么自然选择究竟是如何导致物种进化的呢？

所有的动物都会继承他们父母的特征，正如人类会继承父母的鼻子的形状或者头发的颜色，动物们则会继承它们父母的喙的大小或者尾巴的颜色等。有些特征有利于物种在当时的环境中生存，这些特征就会被继承发扬下去；反之，有些特征不利于动物在当时的环境中生存，那么这样的特征被传递下去的机会就会大大减小。在我们的故事中，喙较大的达尔文雀可以敲开较大的种子的外壳，这一特征使它们能在小种子数量大幅下降的干旱期幸存下来。喙较大的达尔文雀得以生存和生育，喙的特征也就顺利地传递给了下一代。

那些喙较小的达尔文雀无法敲开较大的种子，在干旱中因为缺乏食物，很容易被饿死，更不要说繁育后代了。达尔文雀通常一年繁殖一次，所以只要干旱持续一年，拥有较大的喙的达尔文雀在种群中的比例就会大幅提升，如果干旱持续几年或者反复发生，喙较小的个体会越来越少，直至全部消失，然后新一轮的竞赛将再次展开，如此往复，有利于个体生存的特征被保留下来，而不利的最终消失不见，大自然就是通过这种残酷的竞争进行“自然选择”。

加拉帕戈斯群岛

加拉帕戈斯群岛位于太平洋东部，靠近南美大陆，距离厄瓜多尔海岸约900千米，由15个大型岛屿和100多个小型岛屿以及礁石组成。这片群岛与地球上的大部分地方都不同，并且岛屿之间的差异也非常大。有些岛屿幅员辽阔，海拔高，气候湿润，有些则地势低平，干燥得犹如火星表面。

岛屿坐落在板块交接处，因此火山运动非常活跃。炙热的岩石在靠近地壳的地方熔化成岩浆，从裂缝处喷涌而出，造成海底火山爆发。当火山逐渐升高并露出海面的时候，一座火山岛就出现了。

由于地壳运动，板块缓慢但持续地向东移动，于是上方的岛屿就像坐着传送带一样，朝着远离火山活跃带的方向移动。远离火山活跃带，火山爆发逐渐停止，岛屿慢慢冷却，逐渐下沉并最终消失。与此同时，在火山活跃带的上方，新的岛屿会继续形成，周而复始。

沉入海平面以下的岛屿被称为海底山。科学家已经在加拉帕戈斯群岛东面的海底发现了好几座海底山，他们相信还有更多尚未被发现的海底山。目前已知的最古老的海底火山形成于900万年前，但是有些地理学家认为，加拉帕戈斯火山运动已经持续了9000万年。

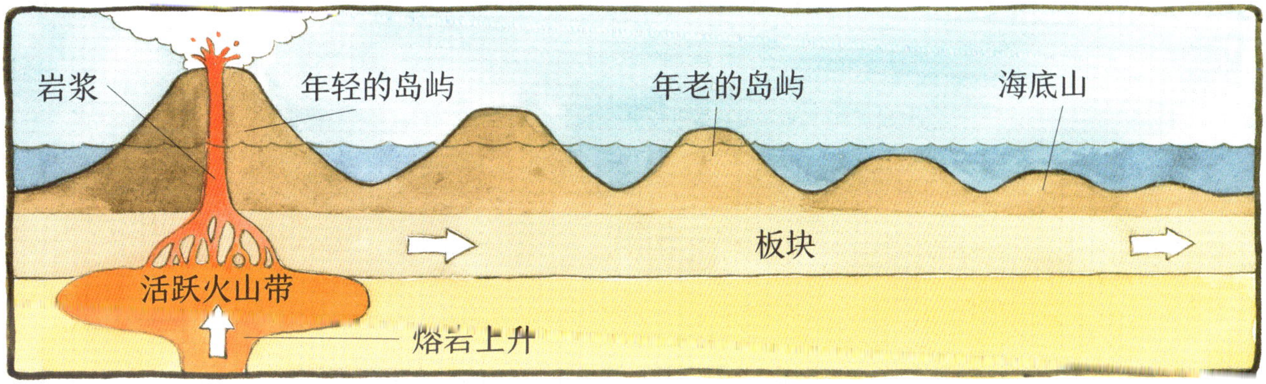

加拉帕戈斯群岛的特有物种

加拉帕戈斯群岛有着数量可观的特有物种，它们只生活在这片群岛，其中包括200多种植物，130多种鸟类、爬行动物和哺乳动物。这些生物在到达群岛之后进入了独特的进化轨道。以加拉帕戈斯海鬣蜥为例：数百万年前，鬣蜥的祖先有一支从南美大陆迁徙至加拉帕戈斯群岛，由于岛上的食物有限，一部分鬣蜥开始取食海藻。经过几百万年的演化，它们已经可以潜入9米深的海中去觅食，是全世界现存爬行动物中唯一可以在海洋中觅食的物种。而留在美洲大陆的类群则朝着取食地面植物的方向进化，最终演化为绿鬣蜥等物种。

鬣蜥的祖先有一支从南美大陆迁徙到加拉帕戈斯群岛

在加拉帕戈斯群岛，它们逐渐演化为海鬣蜥，而南美大陆的类群则演化为绿鬣蜥等

当一个物种为了适应不同的生态环境进化为多个不同的物种，我们称之为适应性物种分化。适应性物种分化不仅发生在岛屿与大陆之间（比如海鬣蜥和绿鬣蜥的分化），也发生在群岛的各个岛屿之间。例如：象龟在几百万年前开始分布到加拉帕戈斯群岛的各个岛屿上，由于环境差异，现在每个岛屿上的象龟都拥有形状独特的壳。

后记

在这本书中，我通过情景再现的手法讲述了加拉帕戈斯群岛中曾经存在过的一座岛屿的前世今生，以此来解读加拉帕戈斯群岛的地质学成因和生物多样性的形成过程。书中的故事发生在过去几百万年的漫长时间里，我们没有办法确定每一个具体的时间节点发生的具体细节，为了故事的完整，我凭借想象补充了一些细节。这并不代表演化没有发生过，书中所描述的岛屿的形成、物种的迁徙和演化是忠于科学的，我的创作基于我所能获得的最好的科学研究成果。至于书中的想象成分，是在尊重科学研究成果的基础上的一种创作。我希望这本书能够激发读者的兴趣和想象，正如加拉帕戈斯群岛激发了我的兴趣和想象。

特别感谢在创作过程中给予我帮助的科学家，没有他们的帮助，本书是不可能完成的。他们包括：

丹尼斯·盖斯特博士
爱达荷大学，火成岩学和火山学教授

卡伦·哈普博士
科尔盖特大学，地质学副教授

克里斯汀·帕伦特博士
得克萨斯大学奥斯汀分校，进化生态学家

海蒂·斯内尔
新墨西哥大学西南生物博物馆，
加拉帕戈斯野生动物学家

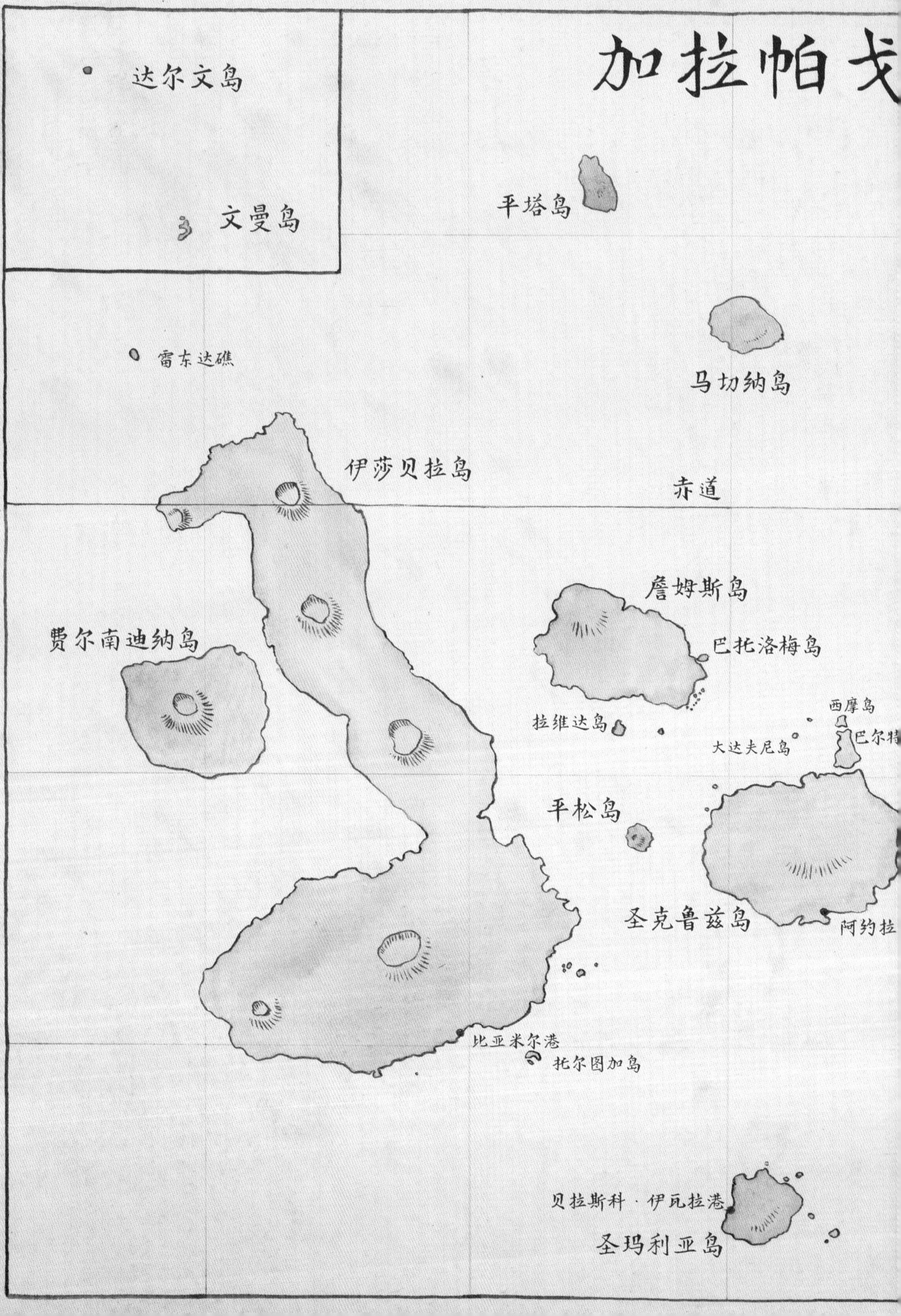
加拉帕戈
达尔文岛
文曼岛
平塔岛
马切纳岛
雷东达礁
伊莎贝拉岛
赤道
詹姆斯岛
巴托洛梅岛
费尔南迪纳岛
拉维达岛
西摩岛
巴尔特
大达夫尼岛
平松岛
圣克鲁兹岛
阿约拉
比亚米尔港
托尔图加岛
贝拉斯科 · 伊瓦拉港
圣玛利亚岛